거룩한 밥상

이상아 시인, 문학박사. 1962년 11월 서울 출생. 1990년 계간 ≪우리문학≫으로 등단. 시집 『나무로 된 집』, 『그늘에 대하여』 등. 산문집 『조용히 사랑하고 싶다』, 『내가 밤보다 새벽을 더 사랑함은』, 『아침 이슬이 땅을 신선하게 하듯이』. 중편소설 『고백』. 단편소설 「흔들리는 꽃」, 「이영차」 등. 논문 「박목월 시와 조지훈 시의 관계 연구: 공통점과 차이점을 중심으로」, 「백석 시 연구: 기행체험의 시적 전개양상을 중심으로」, 「이용악의 『분수령』과 오장환의 『성벽』에 나타난 시어 '마음' 연구」, 「요한복음에 나타난 '물 이미지' 연구」 외. 국제펜클럽한국본부 및 한국문인협회 회원. 한국현대시인협회 심의위원. 한국크리스천문학가협회 이사. 현재 인하대학교 및 서울성경신학대학원대학교 출강.
poem1987@hanmail.net

리토피아포에지 · 52
거룩한 밥상

인쇄 2017. 1. 20 발행 2017. 1. 25
지은이 이상아 펴낸이 정기옥
펴낸곳 리토피아
출판등록 2006. 6. 15. 제2006-12호
주소 22162 인천 남구 경인로 77
전화 032-883-5356 전송 032-891-5356
홈페이지 www.litopia21.com 전자우편 litopia@hanmail.net

ISBN-978-89-6412-073-6 03810

값 10,000원

이 도서의 국립중앙도서관 출판예정도서목록(CIP)은 서지정보유통지원시스템 홈페이지(http://seoji.nl.go.kr)와 국가자료공동목록시스템(http://www.nl.go.kr/kolisnet)에서 이용하실 수 있습니다. (CIP제어번호 : CIP2017000722)

이상아 시집

거룩한 밥상

리토피아
LITERATURE & UTOPIA

시인의 말

도수가 맞지 않는 안경 너머,
세상은 항상 연무.

반짇고리 열고,
바늘 하나 꺼내 손가락을 따면,
이내 피, 검다.

2016년 12월
이상아

차례

제1부 풍경소리

제2부 거룩한 밥상

제3부 구로동 연가

제4부 존재의 항성

| 제1부 |

풍경소리

견甄 – 풀무 속에서

엄마는 화장을 이야기하고 아버지는 수의를 말씀하시는 윤달이 들었다. 꽃 피는 3월. 나는 커다란 맷돌에 몸을 묶고 물속으로 뛰어내렸다.

아주 깊은 물속인데 눈이 따갑다. 황사가 지나간 사막은 언제나 따가운 모래들의 함성, 들고나는 사람들의 신음이 철썩, 철썩, 어디선가 튀어와 벽에 붙는 살점 같다.

나는 나를 묶은 맷돌을 풀어 아귀를 맞추고 천천히 돌린다. 얼마나 되었을까. 내 몸으로 내리꽂히는 수직의 불길에 또각, 또각, 내 껍데기 떨어지는 소리.

박씨 부인이 되었을까. 듣기 싫은 소리 피해 귀를 막고 감은 눈 속의 어둠을 살핀다. 뭔가 꼬무락꼬무락 움직이는 것만 남고 나는 온데간데없는 천지간.

아는 얼굴들이 울고 있다.

보步 – 나무가 걸어간다

나무가 걸어간다.

한세상 살았던 몸을 나와 울을 지나쳐
자주 싸우면서도 가까이 사는 나무에게로
조금 떨어져 사는 덕에 싸울 필요 없는 나무에게로
멀리 살아 늘 그리운 나무에게로

빈손으로 자신을 갈아엎는 힘.
생색내거나 거드름 피우지 않고 조용히 행하여지는
저 고요,의 내밀한 소용돌이.

삶의 내력 고스란히 거름 뿌리는 걸음

운무나 바람의 힘을 빌릴 때도 있다.
저기, 언제부터인가 소식이 끊긴 나무를 향해
땅 밑으로 깊이 바다 속으로 깊이 하늘 향해 더 깊이
걸음 내딛는 거름 되어야 할 즈음,

〉

나무는 차라리 깊은 울림이 되어
천 천 히
스-미-어-들-듯-이
자신이 사는, 살게 될, 살아갈,
이 나무 저 나무를 애틋하게 바라보기도 하면서
시침 뚝 떼고 있다가
나무의 눈에 비치거나 나무를 비추고 있는 나무의
중심을 읽으며 파고든다.
그, 나무에게로 들어간다.

또, 나무가 걸어간다.

속簌 – 희망의 모르타르

1.
감자가 상했다.
어둠 속에서 버짐처럼 피어나던 곰팡이
짓무르며 썩는다.
가망 없는 지구.
내 손은 묶였다.

2.
무섭다.
어쩌다가 미리 사약을 마시고
실팍하고 푸른 싹을 내면서
궁궁 간지러운 곳을 긁어줄 손을 기다리는
감자, 시퍼렇게 독 오른 모습
읽고 있는 내가 무섭다.

이미 밥이 될 수 없는
글자와 사람의 모르타르,

농약 친 감자처럼 단단하고 탐스러운
정신의 알갱이마다 발아를 멈추고
고지의 깃발은 더 이상 아프지 않다.

3.
아는가.
보이지 않아도
언제나 흐르고 있는 전류, 피, 공기처럼
어떤 모양으로든 흐르며 손상되는
물이나 강을.
상하는 것보다
상하지 않는 것이 무서운 것을.

화畵 – 강화도, 뻘의 노래

설정이냐
치장이냐
어느 틈에 물이 쓰고
물과 뭍 사이 내력을 드러내는
존재의 텅 빔과 가득 차 있음

뻘은 어디나 사선이다
삶과 죽음 사이
기우뚱한 균형을 유지하고서
지구의 공전과 자전 따라 도는
부드러운 곡선이다

수–금–지–화–목–토–천–해–명
품을 수 있었던 완만한 가슴
때로 모든 것을 흘려보내고
타는 갈증으로 보내야 하는
생의 한나절

물레 같은

맷돌 같은

살이

수놓는 소리

제살 뚫는 소리

연蓮 – 강화도, 오래된 흙벽

일순 주저앉을 것 같다
갈수록 지리멸렬하거나 아득해지는
사건 하나로 곰국 끓여먹는 이들
언제부터인가
이 험한 세상 다리가 되어
악머구리 끓듯 끓는다
언제나 그렇듯 죽은 자는 말이 없다
살아남은 자 그 깨어있음으로 하여
멍울져 앓다가 스러져가는 토담
쨍한 땡볕 아래
꽃은 피고 콩은 익는데
웬일인지 금간 뼈대 메말라간다
아무도 모르는 혹독한 추위
잠자리 그림자 언뜻 비쳤다 사라지고
도둑고양이처럼 살진 해가 지붕을 넘어가면
삶은 행주처럼 뽀얀 길에서는
밟으면 밟는 대로 아작아작 소리가 났다

가느다랗고 엷은 흥얼거림 또는
몇 바가지의 웃음소리 뒤로
홍건하게 젖어오는 저 흙의 갈증
소리 없이 꺼져가며 깊어지는
눈동자처럼 퀭한 역사를 안고
우러나는 저 국물 같은 사연 속
무르며 풀어지며 따사로이 익어가는
시간의 죽음
아이콘은 폐가다
아직은 버려진 지 오래되지 않아
썩지 않은 존재의 유실물임을 증명하듯
갈라진 벽 안 위쪽에 거미
바깥 아래쪽에 개미
아물아물 삶을 잇고 있는 섬

개開 – 후포에서

선착장에 서면
처음 보는 사람 모두 반가운 길이다.
충주 계명산 반쯤 넘어가다가
길이 없다, 길 잃었다, 생각하자마자
금방이라도 호랑이가 나올 것 같고
온 길, 아니 거기 산꼭대기로
큰 불 번져 사방 에워쌀 것 같아
점점 춥고 떨리던 그 때
거기, 마치 친척인 양 친구인 양
반갑게 길을 묻고 인사하며 지나간
승합차 안 사람들이 새로 내준 길.
전엔 없던 길, 잃었던 길이
호미 들고 함지박 이고 서서 함박
웃는다, 웃으면서도 못내 계면쩍은 눈빛,
가면 안 쓴 얼굴에 생기는 길이다.
팔고 싶은 건 사라고 사 가라고
보여주고 싶은 건 어서 와 보라고

턱 앞에 들이미는 걸걸한 목소리,
잔뜩 풋내 나는 길.
못 본 척 못 들은 척 그냥 지나칠라 치면
밟힌 얼굴 목소리 짓이겨지면서
물큰 푸른 내 번져오거나
사내아이 오줌같이 비릿한 내 풍기며
얼굴에 옷에 튀어 낭패 볼 것만 같은
생生 내, 병들지 않고 죽지 않은 사람내
지천에 널려있어 따사로운
길 끝이며 시작인 그 길,
생것이며 사람 모두 한 꺼풀 벗은 길.
나도 벗는 벗기는, 그 길.

문文 – 현상을 새기다

바탕화면을 바꾸며 마음을 정리한다.
로그인 패스워드;
나의 고백이자 힘의 상징.
인터넷 쇼핑몰에서 펜을 왕창 샀다.
쓰지 않고 만드는, 그러나 만들지 않고 쓸,
글자들이 들어있다.

바람에 들판 냄새 실려 온다.
발효되는 의미.
다함께 더불어 어우러지는,
향기.

크로스 잉크처럼 새까맣고 윤나는,
기호를 해부한다.
ㅍ은 자라서 풀잎 되어 흔들.
ㅔ는 ㅏ처럼 퍼져 산 또는 바다가 된다.
ㅎㅡㄱ ㅁㅜㄹ 등 ㅍ의 이웃 어휘

흐름에 따라 차이를 보이는, 보이지 않는
간격;
이미와 아직 사이.
돌을새김무늬 같은 공기.

글자는 ㄴ.
똥이나 오줌처럼 배설된다.
ㅁ 속에서
분뇨는 작용한다.

영鈴 – 풍경소리

–思父曲 · 1

워 워
내 서재 의자 바로 위
달려있는 풍경소리 멎었다.
오래도록 한 번도 생각해본 적 없는
건강한 아버지의 행보처럼
단 하루도 쉬지 않고 일구던 시간을 비워두고
모처럼 빈 낮과 밤,
바람도 잔다.

한번 시작하면 그치지 않고 온몸을 뒤흔드는
기침 때문에 그저 한번 찾은 것뿐인데
X-Ray, 초음파, MRI,
피 검사 뼈 검사 세포검사 진행된다.
아무렇지도 않던 아버지,
점점 병색이 짙어진다.
검버섯처럼 드러나는 낮고 낡은 한숨
퀭하니 들어가는 눈.

〉

평생 식탁이 없었는데
금식이 끝나니 손을 떨며 숟가락을 반긴다.
찬을 얹어드리는 남편 손이 분주한 만큼
급하게 넘기는 이 오롯한 시간의 정적.

빈 방 천정에 매달린 풍경처럼
나는 그대로 서서
아버지 힘겨운 들숨과 날숨 가쁘게 지키며
저녁 식사 소리 기침소리 듣고 있을 뿐인데
자꾸 무슨 소리가 퍼진다.
내 안의 내가 흔들리는 소리
워,
워 워

월鉞 – 휘장 앞에서

–思父曲 · 2

수레바퀴 자국 속에 붕어가 산다더니
사람들 남은 시간 더듬기보다는
걸어온 시간을 밟는 것을 보았다.
가팔라진 길의 어디선가
멈추거나 되돌아서는 생애
어디쯤에선
죽은 사람을 꿈에서 만나
사는 행색을 살피거나
삶의 흔적 속에 소실된 사연의
행장을 풀거나 펼쳐 읽는 것을 들었다.
산을 넘으면 또 산이고
바다 건너 또 바다가 있어
언뜻 보기엔 끝인 줄 알았던 길
새로운 장을 여는 문이 된다는 것을 배웠다.
칠십 평생 제대로 병치레한 적 없는
아버지도 갈 곳이 남은 사람이라는 것을 느끼며
이미 빈손이라 믿었던 내 손

아버지 목숨 꽉 잡고 있는 것을 알았다.
되도록 넘어갔으면, 넘어가줬으면
바라고 욕심내는 나의 내면을 읽으며
나는 무엇을 잡아야하나
무엇을 잡아 그 피 내가 사는 집
문설주 문기둥 문지방에 바르고 뿌려야 하나
제물을 찾는 나를 만났다.
백삼십 번 읽은 성경 어디를 보아도
보내는 방법뿐 붙잡는 법 없는데
나 이렇게 흔들린다.
찰랑 찰랑
흔들릴수록 내 안을 들이쑤시며 돌다 고이는 소리
내 믿음은 대체 어디 있는가.

고故 – 향수

―思父曲 · 3

아버지 앓는다.
반은 기침을 섞어
아직 한 번도 얘기한 적 없는
한국전쟁 당시,
피난 직전 피난 도중 피난 이후 사연
제대할 맏손자 앞에 털어놓으며
시간을 거꾸로 걷는 목소리
하마 떨리고 조심스럽다.

논산 훈련소 제 일 기.
해방 후 전쟁이 나 고향 버리고
피난 중 입대한 켈로 부대 정예병 되어
사무치던 고향에 귀향 아니 침투한 아버지,
동네 둑길 지나는 얼굴
아는 척 하고 싶은 반가움보다
신고하면 죽는다는 두려움이 앞서
고향을 외면하고

박았던 말뚝 뺀 훈장보유 국가유공자.

두 번 버린 고향 그리워
부리부리한 눈에 물이 고인다.
한꺼번에 몰려드는 회한 들키지 않으려
힘쓰는 할아버지와
말년휴가 나온 손자 마주앉은 방,
시간은 지뢰밭이다.
바람도 공기도 조준을 마친 총구처럼
숨이 멎었다.
가쁘게 전승되는 한국전쟁 속

목숨 건 귀향을 끝내고
고향이 앓는다.
아름다운 귀향을 앞둔
흙, 시난고난 앓는다.

시諰 – 혹부리영감

–思父曲 · 4

혹부리영감이라는 구전설화가 있어.
커다란 혹 달고 다니던 영감님
어느 날 산에서 노래 부르던 중
도깨비 나타나 소리 근원을 묻는데
놀란 김에 달린 혹 가리키자
도깨비 혹 떼어가고,
영감님 남은 세월 내내
잘 먹고 잘 살았다는 이야기.

내 아버지도 혹 달고 살아.
보이진 않지만 큰놈 작은 놈
기관지 누르며 자라고 있어.
언제나 잔잔한 목소리
한 번 소리 내어 웃는 것도 낯선데
작년 설날 아이처럼 큰 소리로 웃어
모인 가족 모두 놀라 좋아라했던.

〉

하나도 아니고 두 개씩이나
가슴에 혹 붙인 다음부터였나
목소리가 힘이 세지고
소리 내어 웃다가 웃다가
가진 뼈를 다 흔들듯 기침을 하며
숨 가쁜 일흔일곱 살.

웃음소리보따리면 웃음 거두어가고
힘이 실린 쇳소리도 그만 가져가라
잔잔하게 말하고 소리 없이 웃어도
좋아, 이젠 떼어갔으면, 녹아버렸으면.
유근피, 질경이, 길경과 은행가루,
유기농 채식에 산에서 난 물
드시고 오래 사셨으면.
아프지 않게 살다 하늘 가셨으면.

각覺 — 은유와 환유

—思父曲 · 5

아버지 안에 눈사람 두 개 있나보다.
학교 정독학술정보관 뒤,
해넘이 배경으로 찍었던 사진처럼
하나는 녹고,
하난 안 녹는다.

콘크리트 바닥을 디디면서도
땅의 깊이를 재고
엘리베이터에서 내려서면서도
휘청거리지 않게 몸을 추슬러야 하는

아버지, 꽝꽝 얼어간다.
육신의 감각은 이미 영하,
신경이 마비된 만큼
몸은 흐물흐물 허물어지는데
눈빛은 벼리어진다.

〉

아버지 생각하는
장자長子의 도리를 내세우며
전통을 고수하는,
아버지 녹지 않는다.

반蹣 – 세월, 한도서다

–思父曲 · 6

아버지 입원하던 날부터, 아니
폐암이라는 선고를 받고 난 후부터
나의 시계는 한쪽 다리를 다쳤다.
사방에서 바람 불어오고
눈의 뿌리 껄끄럽고 쓰라리다 아린 새벽,
몸은 온통 저리다 못해 시리다.

주치의가 말한 기한을 넘겼다.
아득히 번져나는 펑 한 어지럼증,
한고비 넘겼다는 안도와 회한이 서려있다.
절름거리며 걷는 시간 어디쯤
제대로 걸어왔는지 뒤돌아보면,
온통 뒤뚱거린 자국뿐.

가을을 헤치고 나와 겨울 한복판에서
다시 봄의 문지방 넘어
걷다가는 흠칫 놀라 멈추고

몇 걸음 내딛다가 주저앉고야 마는
세월, 한도서서
어디가 아픈지도 모르는 채 가다서다 반복한다.

무엇을 가졌는지 입덧이 심하다.
훅, 훅, 숨찬 모래바람이 불고
외롭고 쓸쓸한 나의 빈 방, 흰 바람벽엔
일찍이 백석이 보았다는 글자들이
하나 둘 지나간다.
거기, 갈매나무 읽는 넋 하나 무릎으로 간다. 간다.

축蹴 – 다듬이소리

자–
홑청 갈자
양쪽에서 마주잡고
오른손 왼손 밀고 당기다
편편히 접어 돌 위에 놓고
두들기다 밟고 젖혀 두들겨보자
속곳 벗고 함지박에 뛰어드는 격이라도
내 발 저린 것보다야 나을 법 하니
힘주어 밟고 두들기다보면
쓸 만한 이불 두어 채 지어지겠지

아스라이 전해오는 다듬이소리
예로부터 삼희성三喜聲 중 하나라 했던 소리
내 속을 굽이돌아 가득 채우고
머리를 때리며 비워내고 있다
시간 없다 그냥 갈 수도 있다
아니다 괜찮다 논쟁 늘수록

뚝딱뚝딱 또는 투다닥 투다닥
투박하고 경쾌하게 울리어오는 새벽
물컹 육감적이어서 덥석 달려들고픈
우리농산물 같은 글 가면 안 쓴 글
가볍고 포근한 이불해서 덮고
덮어주게 자-

폐蔽 – 사람들은 알고 있을까

사람들은 알고 있을까
매일 기도로 구하는 내용들
모두 욕심일 수 있음을
찬양도 공부처럼
자기를 위하여 할 수 있음을
봉사도 생각하고 행하기 나름인데
아집으로 일하고 평評함을
섬기는 일도 우월한 마음으로
속으로 무시하며 베풀 수 있음을

가끔 사람들이 덮고 있는
겸손을 슬쩍 들치고 보는 나를
그 속에 반은 눕고 반은 앉은 교만
아나니아 삽비라 닮은 모양을
잘된 기도 찬양 봉사 섬김의 얼굴
뒤에 숨어있는 부족한 사유를
덮고 속이고 가리는 언행의 행보

그 모습 볼 때마다
한두 걸음 물러서며 미소 짓는 나를

사람들은 알고 있을까

유柔 – 분노의 적출

또 눈이 내렸다.
마악 샤워를 끝내고 나오는
공기의 날몸뚱아리
김이 난다.

어디 몸뿐이랴.
하마 얼마를 더 살며 부딪치며 부서져야
서지 못할 곳에 선 서지 못할 것 분별하며
하지 말아야 할 자가 하지 말아야 할 일 행할 것 알게 될까.

엄지발톱부터 머리카락까지 엎드려 있다.
안으로 안으로 추스르고 추슬러
닿아있는 것들에 녹아드는 저 결정의 수많은 입자
그 내밀한 파열과 생성.

눈의 눈.
눈의 물.

〉

깊이 저미는 분별과 각성
속속들이 녹아 사무쳐 흐르고저 흐르고저
저토록 하얗게 하얗게 웃기만
그저 웃기만.

갈渴 - 타는 목마름으로

물은
뿌리부터 머리까지
눈이다

바람을 읽고
산 숲 나무 제 몸에 담아
삭이고
삭힌다
우려낸다

물의 국
물 눈물
어디서 어떻게 끓든 식든
맛있다 시원하다
바다맛이다

머리에서 뿌리까지

젖으며 태우는
물의
눈,의
물,의

전신은 눈이어서
항상 목마르다
목이 마르다

만滿 – 단풍

어디선가
샴푸냄새 실려 올 것 같은
새벽, 공기를 가르고
기어코 넘은 담장 저만치
하마 수줍은 담쟁이

하르르 하르르
바람 따라 살가운 손짓

내려놓고 비우고 버리느라
그림자마저 헛헛해지는
시월, 숨 쉴 때마다
속속들이 스미어드는 빛
그대로 차오름

| 제2부 |

거룩한 밥상

비枇－어떤 영업에 관한 단상

가끔은 돋보이는 삶이로구나.
시도 때도 없이 튀고 싶은 이름,
피뢰침처럼 온몸으로 땡볕을 받아
불타던 열망을 재겨 디디며
휘청거리던 노적가리 청년의 한때
기생하던 한줌 유사품.
물결, 낱알갱이 잘 불려간다.
익히며 익는 풍경 속
언제나 삯 주고 이름을 심는
무리, 주름잡는다.
지천명 지나 쌓인 생애
배운 건 돈 쓰는 것,
가는 곳마다 한턱내고 한 끼 쏘면서
한창 세일중이다.
몸이나 돈이나 거기서거기,
거기서조차
익은것들은 낮추고 섞인다.
자취도 없이 사라진다.

갈葛 – 풀먹이다

옛날 여름엔 세모시 입었다.
시원하고 깔끔한 맛에
풀을 먹여 입었다.
학창시절 동복 상의 흰 깃도
풀먹여 다리면 볼만했다.

그런 시를 읽었다.
달리의 그림처럼
담긴 내용들, 금속성이다.
장승업은 어디가고,
모두 육포나 냉동식품 되어
구수한 냄새나는 국물은 없다.
한 개 콕 찍어 넣거나
한 개 쏙 빼내고 보면
말이 되는, 말은 되는.

두엄 쓸 만큼, 꼭 그만큼

나의 살이를 꺼낸다.
조심조심 풀먹인다.
싹둑싹둑 잘라지며 물컹거리는
밥, 푼다. 어디 넣는다.

도陶 – 밍크무늬토기

토기 한 점 결고운 무늬를 입고
들어와 앉는다.
안은 금장 꽃술무늬 원피스
까맣다.
문득,
빗살무늬토기 생각난다.
빗살무늬 다섯 층을 이루는 까닭

갈라지는 것 막기 위하여
다섯 층 빗살무늬 그려 넣은 종족
그리하여 생선 한 마리도
어슷어슷 칼집 내어 굽는 겨레.
어느 틈에,
옆집 혼자 사는 할머니보다
잘 입은 곱슬머리 견공을 안고
겸소와 나눔을 이야기하는 목소리
고만고만하다.

〉

족제비과에 속한 밍크 몇 마리
살피는 손이 곱다.
흙은 어디 가고
눈부시게 까만 벨벳원피스
밍크무늬를 입고
금세 차갑다.
금세 뜨겁다.

시侍 – 나무이야기

처음엔 그저 쳐다보다가
하나씩 꼭꼭 씹어보다가
가끔 휘어진 나무 만나면
요리조리 살피는 나였습니다.
뒤집거나 다른 것 오려 붙이며
색종이처럼 오색찬란한 사랑할 무렵
더러 데칼코마니나 판화를 뜨듯
더하거나 파내면서 울고 웃었습니다.
길 어디쯤에서 나무를 만나면
몸은 뜨거워지고 머리 차가워지던 시절
내가 만난 나의 이야기입니다.
나무로 된 집에서
뒹굴며 놀다 사랑하다가
온몸에 가시 박힌 내가 잠시
버렸던 나무이야기입니다.
온몸의 가시 내 안으로 옮겨지고
몸 안 가시가 나무로 자랄 때까지

너무 아픈 사랑이라 쉬고 싶었던
고즈넉한 시간이야기입니다.
제가 심어 가꾼 나무 때문에
꼭 그만큼 크고 깊은 산이 되는
흙처럼 이제는 섞이고 섞여
나무를 모시고 사는 숲의 이야기입니다.
나무를 섬기며 사는 나무이야기입니다.

영瑩 – 거룩한 밥상 · 2

오줌 마려운 아이처럼
팽그르르, 찡-하며 진저리치더니
옷이 젖는다.
잠시 망설이던 여자
하랑이네 집들이 음식이 담긴
접시를 바닥에 내려놓고
단추를 풀다 힐끗, 나를 본다.
바탕엔 선명한 핏줄이 섰다.
도돌도돌 성난 초콜릿색 꼭지
아무데나 얼굴을 마구 비비는
성급한 입술을 찾아 들어간다.
이내 새근새근 잠드는
산성이 남동생 손 안에
커다란 흙이 티 없이 맑다.
물과 밥과 자유 익히는
저 솥, 솥뚜껑, 뚜껑의 꼭지,
잠든 아이를 놓는다.

아이 입술도 꼭지 가운데께도
둘 다 촉촉한 연분홍이다.
가져온 접시의 약식을 먹으며
미동도 않는 산성이 엄마
대충 여민 젖무덤 투명하게 빛난다.

몌袂 - 인경호에서

진녹색 땟물 둥둥 떠다니는
아, 거기, 청둥오리가
목욕하는 수양버들 겨드랑이 목덜미
간질이고 얼른 도망치는 곳.
정든 물레방아 숨이 멎는다.

너무 웃어 기운 빠진 수양버들
잠시 누워 수줍은 그곳.
섬섬옥수
닿는 것마다 모를 없애며
더디게 둥글게 변해가는 거기
걸으면 삑삑 소리가 나는 꽃신을 신고
고사리 손 흔들며 한 아이
울고 있다. 소매 끝으로 얼굴을 문지르며
이리오라고 어서 오라고
청둥오리에게 사정을 한다.
그 속을 아는지 모르는지

자지러지는 수양버들 잦아드는
웃음소리, 청둥오리 몸에 가 닿는다.
모두 한데 어우러지며
한 폭의 병풍처럼 흐르는 시간
여기저기서 초점을 맞춘다.
수양버들 타고 앉은 청둥오리 찍는다.

아, 거기, 한 여자가
우는 아이 가슴에 보듬어 안고
토닥거리며 조용히 이별을 고하는,
쉬잇-, 안녕 나도
숨을 고른다. 찰칵.

봉棒 – 책을 말하다

새 책 들고 하마 조심스럽다

뼈를 뜯어낸다 살을 발라본다
이리저리 각을 뜨고 들여다본다
무너뜨린 블록을 다시 쌓듯
여기저기 자리를 찾아 맞춰본다

글자는 굴절한다
글자의 반란이다
벌목한 나무들의 수보다 많은
의미를 담고 바람을 머금고
바탕에서 돋을새김되는 문맥을 따라
일어서다 앉는다 뒤로 돌아선다
글자의 저항이다
글자는 운동한다

일렬횡대로 늘어서서

조금 세게 또는 여리게
쳐라 매우 쳐라 그만 쳐라

광합성작용을 하는 글자들의 울림

붕棚 - 내가 살았던 집

조용히 열고 들어간다.
길이 된 산이 거기 있다.
길을 위해 나무를 세고 제 살을 파던
조용하고 후미진 동네.

잎맥 닮은 길 따라 걷는다.
성긴 눈발처럼 앞 다투어 쏟아지던
길, 골목, 동네, 사리사리 풀어진다.
골짜기마다 어질머리를 앓던
기억들, 자리매김한 흔적
거기 어디쯤
누가 버리고 간 집을 안고 사는
나무가 보인다.

열고 들어간다.
산을 품은 길이 누워있다.
길을 품고 문이 나 있다.

문을 품고 누가 서 있다.

너에게서 나에게로
가로지른 시렁선반 같은 동네.
점점 허름해지는
이름 몇 그루.

막藐 – 콩나물시루

마른 모래처럼 술술 빠져나가는
시간은 미련도 없다.
밤의 가장자리에 침 묻혀
새벽을 여는 시간,
밖은 칠흑 같다.
한동안 너무 골똘했던 것에 대한
부질없음이 확–
코끝에서 전신으로 퍼진다.
미명의 어눌함
발끝에서 출렁거리는 바다.

물이 빠진다.
드러나는 기억의 징검다리
야적장 컨테이너 빠져나가듯
숭숭 뚫린 밤의 적막 속,
덩그마니 남은 허기
조금씩 앞으로 간다.

차례를 따라 가고 오는
열세 자리 숫자의 나열,
번호 뒤엔 수염이나 꼬리 달렸다.
다시 물, 다시 밤.

활豁 – 거룩한 밥상

물 한 컵 밥 한 공기 김치 한 접시
젓가락 들고 앉았습니다.
숟가락은 배제된 밥상입니다.
김치도 볶은 김치 밥도 조밥
물도 둥굴레차 새로 끓인 물
내용은 변했지만 유기농입니다.
우리 땅이 빚은 우리 먹거리
아리랑처럼 변함없는 엄마의 밥상.
반은 이름을 잊어버리고
반의반은 이름을 잃어버리고
반의반은 제 이름 붙들고 사는
엄마의 밥상은 민족적입니다.
햅쌀에 서리태 현미 넣은 잡곡밥
이름 모를 나물에 가진 젓갈류
철따라 달라지는 과일 샐러드
조선간장 새우젓 섞어 끓인 찌개.
식구들 다 있을 땐 예닐곱 가지

혼자 있을 적엔 김치 한 가지
내용은 변했지만 변하지 않는
엄마의 엄마의 엄마의 밥상.
숟가락은 배제된 밥상입니다.
내용은 변했지만 유기농입니다.
아리랑처럼 눈물 나는 엄마의 밥상.

쉬焠 – 낙엽, 책갈피에 눕다

창에 비친 얼굴 단풍들었다.
잠시 동요,
지나치는 바람조차 온몸 뒤흔든다.

어디선가 사물놀이 시작한다.
난타처럼 벽을 뚫고 오는 소란함 속에
조용한 그곳,
설정인가
살아있는, 아직 생기가 있는
이름 몇 개 붉고 노랗다.

컴퓨터 K드라이브처럼
제법 용량이 큰 하드커버 전집을 열어
하나 넣고
몇 장 넘기고
또 하나 넣고
몇 장 넘기고

〉

창에 비친 얼굴 글자에 둘러싸였다.
어느 순간 글자가 눅눅하다.
짜릿한 우주, 담금질하는.

회膾 — 어휘語彙에게 · 2

얇게
더 얇게
속이 비칠 때까지
설컹거리기보다
쫀득거리며 달라붙을 정도로
도려내고 저미다
보이는 거리.
길의 표면을 훑어
거기, 기억과 망각 사이
탱탱한 살들에 박혀 굳거나
단단한 옷이 된 상처가 튀어
여기저기서 반짝일 때
쨍-, 누군가 사랑을 하고
쩡-, 누구 몸 금가는 소리
점점 투명해지다
녹아버리며
나보다 더 나를 채우는 곳.

날로 더 날것이 되며
파닥거리는
너는 살아서
살아서 죽는다.
죽어 산다.

사寫 – 순대국밥이 밀어 죽인 술을 말하다

순대국밥 팔고 받은 돈 세며 새벽을 맞던 김씨
어느 날 출근해서 보니 책상이 없었대
책상이 없었다는 건 앉을 자리가 없다는 것
앉을 자리가 없다는 건 서 있어야 한다는 것

서성거리며 일감을 찾아 책상을 맴돌다가
어느 날 배달 스쿠터 타고 가출을 했었다나
영등포 역사 신문지 덮고 자는 남자들 사이
여기저기 쓰러져 있는 술병들 틈에 누워
어느 밤에 김씨는 죽음을 봤다고 했어
양수가 터진 자궁 속에서 웅크리고 있는 태아를
스멀스멀 밟고 다니는 빈대나 바퀴벌레 같은

꿈틀거리는 것이 어찌 벌레뿐일까

한낮에 조심스럽게 지하도 위로 나가면
욕망은 햇살처럼 눈부시게 다가와

아직 사십대 인텔리겐치아 앉을 책상은 있을 거라고
불쑥 불쑥 어질머리를 앓게 했던 모양

집으로 돌아와 두려운 포근함 속에
순대국밥 팔고 받은 돈 세며 새벽을 맞던 김씨
새로 산 배달 스쿠터 넘어가는 소리에 놀라 나가니
매일 찾아와 책상타령을 하던 알코올중독자 주씨
김씨의 뺨을 냅다 갈기더라나
그래서 이 사람이 왜 이래 하고 밀었는데
이 사람이 왜 이래 하고 살짝 밀었는데

주씨가 그만 죽어버렸대

춘春 — 봄은 귀로다

봄은 귀로다.
눈이 닿는 곳마다
겨우내 컴퓨터와 씨름하던 아이들
옹기종기 모여 앉아 딱지를 치고
공깃돌 같은 마음 헤쳐 모으는.

봄은 귀로다.
모래바람 지나가는 운동장에선
닿기만 하면 녹아버릴 것 같이 해맑은
웃음소리 까르르 철봉을 타고
교정엔 이름 모를 풀꽃들
개미처럼 아름아름 제 색깔을 내며 걸어
자꾸 간지러워 긁고 싶은 길.

봄은 귀로다.
태양의 입김에 조금씩
조금씩 감질나게 달궈지면서

언제나 가장 차갑고 맨송맨송하기만 한
몸을 열며 야들야들한 순을 내미는.

맥脈 – 한계령에서

산맥을 가로지르며
산 맥을 짚는다

산은 뿌리부터 머리까지 나무야

산의 맥
쉬는가 싶다 이어지는
혈자리 한계령이다

십여 년 전 엄마의 혈행을 위해
마가목주를 샀던 그 고개처럼
메아리도 쉬는 우중산첩

어디선가 울려 퍼지는 소리
ECCE HOMO*

ECCE HOMO

〉

어떤 나무 눈을 들어 산을 부르고

길이 길에게 길을 묻는다

* 라틴어로 "이 사람을 보라"라는 뜻임.

향香 – 어느 별의 향기

새벽 4시 반
커다란 공구 가방을 들고
충혈된 눈 비비며 길 건너는 이

밥상 앞에 앉아
물 말은 밥 몇 숟가락 입에 넣고는
그냥 억지로 삼키는 이

지끈거리며 타들어가는 머리
질끈 눈 감아 동여매고
도시락 가방 대신 마음 쥐어주는 이

오래 전 써 놓은 사직서
언제나 주머니에 넣고 다니면서도
금수저 갑질 앞에서는 무조건 견디는 이

가슴 가슴을 쓸어 모아

보일 듯 말 듯 품을 때
몰래 촉촉해지며 반짝이는 네 눈빛

설雪-그 이름

조팝나무에 꽃이 피면서
봄눈 내려 쌓였다.
아카시아 꽃이 지면서
쌓인 눈 녹아내렸다.

잔인한 4월이 간 후
낮달 하얗게 뜬 날 많았다.
달은 4월에 녹은
눈을 품고 있었다.

5월 오늘 그 눈은
신도림역 계단 한쪽에 앉아 있었다.
오가는 구두코를 보는 둥 마는 둥
더덕 까는 아무개 어머니 머리에 있었다.

가끔 나무껍데기 같은 손으로
입을 가리고 바튼 기침을 하며

응시하는 허공에서
하마 피었다 지는 꽃처럼 하르르

눈은 아무개 어머니
축 처진 가슴으로 녹아들었다.
이마에 선 하나 새로 긋는 울림에
목걸이의 십자가 펜던트 흔들린다.

소焝 – 가을, 플라타너스

기침 한 번에
숱이 빠지는 여자
가습기 없는 방에 서 있다.
방금 이지러지기 시작한 달빛
젖은 눈으로
저 닮은 여자를 어루만진다.
손이 닿으면 이내
바스라질 것 같은 얼굴
금세 화색이 돈다.
그림자 밟으며
집에 가는
길.

| 제3부 |

구로동 연가

응凝 — 바위의 내력

바위를 읽는다
멋모르고
차가운 비명의 지층을 훑는다
뜨겁다

뜨겁다는 건 민첩하다는 것
민첩하다는 건 예민해졌다는 것
예민해졌다는 건 단단해진다는 것

숨이 차다
세월의 마디마다 치열했던
순간의 호흡을 삼키며
스스로 벽이 되어야만 했던 시간

눈물겹다

초草 - 보리밟기

지근지근 밟힌다.
청상과부의 넋두리처럼
끝이 보이지 않는 풍경 속에서 타 들어가는
저 수많은 바람의 소리
(불안해요 아파요 터져버릴 것 같아요-
아마 그런 소리였을 게야,
흔들리며 솟구치는 생명의 연소)

불의 혀가 목마름을 핥는다.
(훅-,
보다 푸르게 또는 붉게
흔들리며 흩어졌다 한데 모이는
저토록 집요한 힘의 집중)
휘어지며 타오르던 탯줄의 끝에
이제는 쓸모없어진 태반, 딸려 나온다.
흔들리며 밟혀야 쏟아지는 배설,
언제나 되살아나는 불꽃의 눈이

제 핏줄을 아작아작 씹는다.
(가장 바깥쪽으로부터
중심으로 중심으로 옮아가는 이,
이, 참을 수 없는, 가벼움)

아프다.
민주여, 민주주의여, 꿍-,
밟힌 보리들이 하나 둘 날을 세운다.

상嘗 – 번지점프를 하다

탯줄이야 자르지 마 자르지 마

싹둑 잘려 버려지듯 떨어지면서
온몸으로 비명횡사 NG편을 엮다가
V자로 미소 짓는 사람들을 보았다
한때의 뒷걸음질과 망설임 같은 순간들이
비명과 환성 되어 교묘하게 만나는
시간의 교차점에서
소리 더 잦아들며 흐르는 강

느닷없이 수상 스키 지나간다
다 빠진 줄 알았던 거품이 일고
옹이처럼 단단하게 굳은 것 같던
가슴언저리 아리다 저리다 찢어진다
흔들흔들 출렁이며 묶어도 묶이지 않는
저 글자들의 은비늘 배꼽
존재의 아이러니

〉

죽어라

뛰어내린다

림林 – 구로동 연가

철컥, 다 왔습니다. 내리십시오.

날이면 날마다 싸움질하는 소리
항아리나 화장대 거울 또는 유리창이
하루 벌어 하룰 사는 가슴처럼 무너지면
상스러운 욕지거리 미명에 섞여
뿌옇게 흐린 날만 반복되던 동네
방 하나에 부엌 하나 다닥다닥 붙어
화장실 가는 것도 부지런해야
편안하고 여유 있게 볼일 끝을 본다던
공중변소 있던 곳에 아파트가 들어서고
공단 입구에서부터 명품의 바람소리
앙증맞고 단정하게 진열되어 있는데
무엇이 이토록 푸르게 하는가
전자회사 라인에서 꽂혀지는 저항처럼
가느다랗고 야트막한 눈동자나 손길들이
서로 매만지고 통과하면서

광합성 작용을 하고 있는 일요일

구로동 휴양림입니다. 안 내리시나요?

섭攝 - 소리의 살

내가 먹은 것들이 내가 되어간다.

플라타너스 잎사귀 뒹구는 거리 밝히는 시간 사이 씹히는 것들 간간이 오가며 쉬는 얼굴 미끄러지듯 구르며 분주한 눈동자 겨울의 옹알이가 시작되었다 내가 먹은 글자들 살이 올라 군밤처럼 톡 터지며 해체된다 구수하다 타오르는 듯 이내 하르르 떨어지며 몇 바퀴 구른다 구르면서 빛나는 웃음거리 된다

고통은 반짝이는 것.

지금은 내가 된 내가 본 풍경들은 작년에 재작년에 모두 버려졌다 건삽한 이름이다 이 서술이 무슨 말인지 아는 사람 드물고 그 사실에 나 더 이상 놀라지 않는다 언제부터 이렇게 간지럼을 모르는 채 메마르며 갈라지는 흙벽소리 내었나 까닭 없이 물렁하고 따뜻한 글자와 살 섞고 싶은 오늘

저만치 나를 점령한 것이 나를 음미하는 것이 보인다.

무憮 – 어휘語彙에게

내가 잠깐 쉰다고 한들
어찌 너를 외면할 수 있겠는가
내 눈이 닿는 곳에 손이 가는 것에
이미 너는 존재하나니
나는 온통 네가 되어 깜박이는 전구이거나
너로 부풀어오르는 고도의 긴장, 공기방울인 나를
벌써부터 내가 된 너를
쓰다듬으며 사랑하다가 잠드는데
아무리 눈감고 귀 막은들
어찌 너를 외면할 수 있겠는가

항抗－하루, 끼니와 기호의 여각 관계

바닥에 하루가 들어찬다. 이십사시다.
그 시간과 마주보는 곳 어디쯤
끼니와 기호가 존재한다.
집착할수록 예민해지는 시간의 선분을 재듯
서로에 대하여 길항한다.
두 끼를 먹으면 커피의 횟수가 줄고
커피가 늘면 한 끼이거나 거의 굶기다.
사람살이 모두 거기서 거기여서
합은 항상 하나의 값을 유지하는 법,
어디서든 읽는 좌표나 각도는
자신을 넘어서지 못하고
존재는 직각이다.
처음이기도 하고 나중이기도 한
더러는 끝이거나 마침인
하루의 나열이다. 평생이다.
그 세월과 마주보는 후미진 골목마다
해야 하는 것과 하고 싶은 것이 줄다리기한다.

여廬 – 햇살이 노질하는 물결을 읽다

물이 갈라져 길을 낼 때 만들어지는 글자를 보았다 그 길을 따라 햇살 노닐다 께느른하여 쉬고 있을 때 수많은 쉼표가 찍히는 것을 읽었다 찍힌 수만큼의 내가 내 속에 숨 쉬고 있다는 것을 알았다 숨겨진 빛은 드물게 칼이 되어 번개로 내리꽂히고 때로 길이 되어 어디서든 밝히거나 출렁이는 바다로 거듭나는 법인데 반짝반짝 빛나는 별이어서 뜨고 지는 이름이어서 더러는 달의 눈물처럼 짠맛을 내며 끓어오르는 수면의 빛이라는 것을 수런거리며 젖은 나뭇잎 사이를 노질하는 햇살이라는 것을 알았다 아아 나의 쉼이여 날카롭고도 평화로운 시술이여 나의 표면을 물들이며 찢어 내부를 절단하는 칼이여 묻노니 지금쯤 어느 부위를 진행하고 있느뇨 혈맥을 건드리며 소곤거리는 형형색색의 글자들을 쓰다듬으며 흐름을 가르는 빛이 길을 위해 나무를 세고 흙을 다지며 숲을 흐르고 있을 때 녹슬어 가는 세월조차 이다지도 아름다운 울림인 것을 피비린내 확 풍기며 번지는 물빛 별자리의 눈부심인 것을

할割 – 물감을 섞으며

원색을 경계하며 색을 섞는다

원색
도발적이고 강렬한 유혹이면서
무엇보다 쉽게 질리는 이유는
무늬를 읽거나 물감을 고를 때마다
색이 지닌 강렬함이
사춘기처럼 지난 어느 시절의 치기이거나
다듬어지다 만 모남인 것을 보았기 때문

숨을 참으며 색을 고르는 동안
가슴은 더 많은 색으로 나누어지고
보이는 그림은 한결 세밀하게 분석된다
면은 선이 되고 선은 점을 낳는다
어떻게 하면 말하고 싶은 것을
가장 자연스럽게 전할 수 있을까
생각한다 색보다 여백에 대하여

〉

비어 있어 충만한 것을 그리는 길을 찾다가
소름이 끼친다 그래
차고 넘치며 끓어오르는
원색을 살고 난 후라야 섞일 수 있다
섞인 후에 비로소
스스로 텅 비어 가득 찬
자연이 된다

섞인 색들은 하나같이 불순하다

요謠 – 어떤 노동에 대한 고찰

가늠할 수 없이 길고 미끄러우면서도
이리저리 뒤엉킨 일 스파게티
적당한 양을 신속하고 정확히 해결해야 할 때
고단한 길 편하게 하는
숟가락,

밥 먹는 법 처음 배우는 아이에게
세상 그저 빨아들여 삼키는 게 다가 아니라
암팡지게 씹어야 하는 것이 있다는 것을
천천히 녹여 삭여야 할 때도 있는 것을 가르치는
숟가락,

젓가락으로 못 하는 일을 돕는
포크로도 안 되는 것을 대신하는
거의 없어도 될 성싶은
숟가락,
〉

이것저것 골라 취하지도 못하고
허드렛일 도맡아 하는 것도 모자라
남루한 소리 요란한 데 꽂히거나 매달린 채
휘둘리면서도 온갖 울분과 상처 받아내며
웅숭깊은.

괄活 – 밥을 살기 위하여

1.
저 솥,
기꺼이 물 받고 섰다
몇 번을 쓸어내고 씻가신 후
끝이 닿은 것 끓이며 저도 따라 익으려는 듯

익는 능선마다 얽혔던 길들 사리사리 풀어지고
고즈넉한 사유의 뜸에 햇살 나라지어 누울 즈음
악머구리 끓는 소리, 거세다
휘두르는 주걱처럼 이리저리 헤치며 걷는 시간 속
뒤집어지는 밥알들 톡톡 터지는,

2.
훍은 꽉 차도 항상 비어지는 솥,
운무처럼 날아가는 시간의 손에서
더러 거오스러이 보이며 엉키고
잡히며 잡는 듯하다가도 이내 솨솨,

너스래미 덤불 길에 내놓고
하루살이 평생을 회고하듯이
곳곳에 심어 놓은 씨앗을 찾는다

혼자서 젖으며 뜨겁고
뜨겁다가는 끓는다 끓다 가만히 익는다
익을 때마다 익는 것마다
너설, 춥다

요擾 – 나무를 어루만지며

보세요 온몸을 어루만지며 퍼지는 내면의 분란 아니 결합을 보세요 야들야들 얇게 가느다랗게 스치며 분리되다가도 솜털처럼 현저하게 하나임을 드러내는 어지럼증, 아 어지럼증, 속이 울렁거려요 새끼손가락 한 마디만한 것이 엉성하면서도 단단하게 자기를 감싸고 있던 껍데기 속에서 모조리 기어 나오며 속절없이 어찔어찔 아슬아슬한 심장 가까이에 자리를 잡는, 저 나뭇가지의 연녹색개미 떼, 새실새실 오글오글, 자꾸 기침이 나요 안약을 넣으면 혀를 장악하며 입안 구석구석 번지던 삽삽한 맛이 풀썩거려요 눈이 따갑다못해 시려요 그 눈이 배설인지 발효인지 모를 운동을 하는 저 나뭇가지, 나무에 드러나는 그 내면을 읽어요 나我-무憮, 나무를 어루만지며 어루만지며 죽을 만큼 황홀해요 나를 보세요

각脚 – 번제

보라 만가를 부르는 저 나무
다 된 나무 하리들어 스스로 각을 뜨고
들어나는 초록의 영역에 내린다
지는 이름들은 언제나 고이고
고였다가는 흐르는 법인데
봉곳봉곳 강냉이처럼 살 떨리던 사연
뭉텅 잘려나가는 시간
나무이면서도 스스로 나무이기를 포기한
꽃이 아니 나무가 자신을 쪼개며
하르르 떨다가 부서지고
부서지다가 다시 날아오르다가는
털썩 주저앉아 무릎으로 간다
앞서가는 나무를 바람만바람만 뒤따르며
희디흰 재가 되어 엎드린다
엎드려 긴다 기다 구른다 기화한다
난다 온통 눈물이다
보라 얼마나 향기로운가
저기 저 길 나무들의 축제

쇄碎 – 찌개를 위하여

마늘을 빻는다
뭉그러지며 으스러지는 시간의 뿌리
마늘,
마늘, 이라고 소리 내어 말해본다
불투명한 껍질을 벗겨내고
그 안의 투명한 비늘을 긁을 때
덩어리를 허물고 들어선 길들이
알싸하게 익으며 젖는 것이 보인다

젖은 것들은 기호가 된다
기호는 삶을 풀어내는 공식
도톰할수록 단단한 법이어서
으깨지며 부드러워지는 기간이 길다
가끔 부드러워지다 만 기호들이
끈끈한 즙이 되다 만 기호들이
마느———ㄹ,을 찾아가는 이상한 가역반응

때로 맛이 되고 힘이 되는 세월,

맵다

건乾 - 죽음 혹은 죽임을 맛보다

그래, 그 맛을 보았던 거야. 누가 무심결에 닫은 뚜껑에 갇혀 사방 갑자기 어두워지고 공기도 부동자세 취하였던 그 때, 밖은 알 수 없는 상상의 세계로 가고 이미 침투한 기운에 잠식당했던 귀엔 언제 그랬는지 탈지면이 박혀 아무 소리도 들리지 않았어. 그 때 나는 그 맛을 보았던 거야. 바깥 세계와 통하는 문은 모조리 닫히고 막힌 것 같은 정적. 누군가 감긴 눈이 감긴 채로 무슨 글자를 썼어. 나의 쓰디쓴 눈 안에 미치도록 하얀 막이 생기고 거기, 완전한 혼자, 단절, 뭐 이런 글자들이 또 다른 글자를 쓰고 여전히 쓰다는 쓰디쓰다는 느낌이 돌아다니는 고요한 공간, 그 뒤에 버림이라거나 떠남이라는 글자가 적히고 마침표가 찍혔을 때였던 것 같아. 주변에 형체를 알 수 없는 무수한 것들이 꼬무락거리고 있었지. 후두두둑 흩어지며 나를 덮은 흙 속에서 피어나는 글자, 잃어버린 시간의 떡잎이었어. 언제부터 배가 고팠던 것일까, 나는 그 줄기를 훑어 천천히 아주 천천히 그래,

순純 – 고요한, 풍경

내 눈길 하나로 금 갈까
차마 바라볼 수 없는
너

이래도 되느뇨

시월아
가을아
하늘아

울鬱－눈물코드

가라앉는다
온몸과 맘 물 먹은 사람들
숨 고를 기력조차 남아있지 않아
주저앉아 가슴 치다 머리까지 멍이 든
나라
앓는다
시난고난 시름소리 깊은 곡소리
구멍 난 잿빛 눈빛 쉰 목소리
온통 먹먹한 검정 칼날 되어
사월의 보리처럼 팽팽하고 뾰족하다
말
글
맞장구
그저 사치요 구경 되고 마는 바다
부유하는 부조리 이기적 유전자
표류한다
눈물 말라 울지도 못하는

눈빛 달빛 다 받아 안고 흐른다
열하루 째,
잔인한 대한민국이다
유구한 역사를 안고 표류하는
열하루, 열한 해, 어찌 그뿐이랴
세월호에 얽힌 세월, 세월

적迹－바람이 닿은 자리

바람의 알몸을 보았니?
깊은 울음 참아 제 속을 긁어
텅 빈 방 한 칸 갖고 살면서
전신을 휘돌아 훠이 훠어이
시간과 공간을 흘려보내며 사는
바람의 표정을 읽었니?
손바닥 툭툭 털며 일어나
넘어진 자리에서 다시 시작하며
떠나보낸 자리에서 다시 맞는
세월의 보금자리 걷어들며 고르는
바람의 숨소리를 들었니?
들숨과 날숨 엇갈리는 순간
한 겹씩 벗으며 사라지는 뒷모습
그리운 자태 빛나는 머릿결
별 같은 눈 속 고운 흐느낌

| 제4부 |

존재의 항성

시詩 – 손을 씻다

꽈악,

쥐어 짜여진, 걸레.

또는,

탈탈 털어 삶의 여기저기를 닦아 낸,

혹은, 닦아 물에 내던져진,

역시, 걸레.

송頌 – 육개장 타령

육개장 그 얼굴이 드러난다 육개장 맛이 드러난다
작년 이맘때 왔던 그 이름 죽지도 않고 또 왔네
언제나 어디서나 인심이 좋아 공짜로 퍼 주는 국물 한 사발
얼큰한 것이 눈물이네 씹히는 것이 사연이네
떠난 사람 묵었던 세월 맛 남은 사람 가슴엔 아쉬운 구멍
허, 바람소리 돌아다니네 엿가락처럼 늘어지는 허탈함
네 어미 누군가 너 담은 그릇인가 너 끓인 불꽃인가 모르겠네
허드렛일마다 감초처럼 끼어있는 그 얼굴 그 손은 뭉툭한데
그 입 걸쭉한 남도 판소리요 두 발은 휘모리장단을 타고
저 허리 굽히면 잘 펴지지 않아도 부러지진 않아 다행일세
큰 일 작은 일 어디나 가서 온갖 궂은일에 담그는 저 손
뜨물처럼 구수하고 머위처럼 쌉쌀한 육개장 얼굴의 미려함일세
얼 시구 시구 돌아간다 얼씨구절씨구 돌아간다
돌아가는 길에 오는 사람 우는 사람 아는 사람 어깨를 감싸네
육개장 얼굴이 드러나는 그 날은 본향간 사람의 추도일
작년에 왔던 그 이름이 죽지도 않고 저기 또 오네

저리 시구 시구 돌아오네 이리 시구 시구 돌아오네
누구네 누구 다쳤네 죽었네 하면 거기서 또 만나는 그 얼굴
기침 감기에도 좋다고 하네 우울증에도 명약이라네
어리씨구 시구 잘 한다 저리씨구 시구 잘 한다
얼쑤, 아름답고 존경스럽네

박博 – 다시, 후포에서

전어철이 갔구나
미처 몰랐다.

앞엔
밴댕이 회무침 한 접시
시큼한 냄새 색깔 양념 다 비슷하고
제법 손이 가는 나물이며 밑반찬들
말 그대로 한상 차려져 있는데,

왠지 낯설다.

맞은편 유리창엔
얼마 전 세상 등진 안재환의 흔적이
얼마 전 다녀갔다는 연예인들 이름에 둘러싸여
국민학생 시절 공부방 한쪽 벽을 장식했던
상장처럼 다닥다닥 붙어 있다.
〉

젓가락도 들기 전
배가 부르다.

갑자기
김남조의 후조候鳥라는 시가
어디선가 날아와 상 위에 앉는다.
한 입 또 한 입,
조용히 시를 씹는다.

마냥
쓸쓸하다.

융融 – 강화도, 동막에서 해안도로 사이

돌아가시기 전 아버지와 함께
소풍 갔던 곳, 동막해수욕장에
물이 든다. 밀물이다.
바람이 실어오는 결 고운 스케치북.

몇 번이고 몰래 그렸다 지우는
아버지 얼굴 위로
그리움에 조금씩 살이 내리는
어머니 얼굴이 포개지며 웃는다. 물빛이다.

다 그만그만한 법이다
더도 못 담는다
딱 그만큼 제 크기만큼만
하늘 바람 세상 담는 법이니
깊고 넓은 그릇 되어야 한다
아로새기던 아버지 목소리
귓전을 때리는 강화도를 돈다.

남으로 피난하던 길 찾아다니며
전쟁이야기 듣던 때가 엊그제 같다.
성대마비 후 가느다란 쇳소리
이리저리 짐작하느라 분주할 때면
온몸에 힘주며 어금니 악물고
오십 여 년 전 지나온 동네이름 길 이름
써서 내밀며 날 들여다보던
마음, 누구도 따라잡지 못할 기억,력 필적,
오롯이 돋을새김 되어 있는 동네.

더 이상 가실 수 없습니다.

아득히 절도 있는 군인 목소리,
정신 차리고 보니 바다다. 철조망이다.
억압하는 눈물이 요동치는
가슴, 한복판에 폭탄 떨어진다.

미黴 – 기침, 발열

–思父曲 · 7

께느른한 시간처럼
점점 지루해지는 세월인 게야
아무도 모르게
슬그머니 자리잡고 영토를 늘려가는
부박한 습관인 게야
갈수록 쇳소리 심해지고
사람들 말처럼 정 떼는 듯
섬뜩한 눈빛 박힌 가슴
허물어져 길이 된 게야
거기 한숨 살고 기침 들고나는
진공상태 같은 세월 컹컹 울려도
맏이기에 더욱 조심스러운 게야
말로 아버지 꺾지 못하고
내내 기다려야 하는
산화, 옛사람의 부식인 게야
몸이 휘청거릴수록 꼿꼿해지는
아버지

그래, 그럴 수 있는 게야
이런 때도 있는 게야

재齋 – 가져오다

–思父曲 · 8

기침, 한 번 시작하면 멎지 않는다.
속에 있는 것 찔끔 넘어오거나 모두 쏟아놓을 때까지.

도라지와 은행 간 것.
어머니 글씨를 돌돌 말아 질끈 동여맨다.
위생봉투에 넣고 반창고를 붙인다.
어머니 덜어주신 마음, 아버지 드시는 가루
달포를 넘기며 먹고 있는데
약, 주사, 도라지, 소용이 없다.
아버지 내 기침까지 가져갈까 두려워
곁에는 얼씬도 못하는 주제에
언제나 아버지와 마주앉아 전통과 사상을 논하고 있는
방에는 예수, 십자가, 피, 둥둥 떠다닌다.
아버지 슬그머니 돌아앉는다.
언제부터인가 기침이 덜하다.

몸을 지탱하는 뼈들 모조리 나를 해체시켜버릴 듯이
기침, 집요하다.

청淸 – 새벽 청청

공기마저 차분하고 사념 없이 맑게
모든 빛을 받아들이며 반응하고
모든 소리에 귀 기울인다

저마다 제빛으로 무르익어가며
제자리에서 겸손히 잠잠히
그러나 간절히

바라는 빛과 소리
미명의 울림
人 生 世 間 天 地 人

임稔 – 숲 속의 나무

숲이 웃는다.
형광등 불빛처럼 흩어지는
저 웃음소리, 삼파장이다.

석류 속 알갱이처럼 더디게 빛나며
시큼하니 터지며 씹히는 그 맛
한입 가득 번진다.

선혈 낭자하다.
독한 것들
독하게 익는 것들,

때로는
훨씬 엉성하게 보이며
저 사는 동네를 읽고 있다.

뭐가 좋은지

내내 해찰부리며
바람을 부르는 몇 분의 허영,

버리기 또는 벗기
그 창백하고 건조한 시간 틈새에서
나무, 속살 틔우는.

연演 – 어휘語彙에게 · 3

해마다 군밤 파는 계절이 되면 너는 눈발이 되어 날린다. 한 잎 한 잎, 나무 버리고 떠나기 한창인데 너는 쓸쓸하고 깊은 방까지 찾아와 이미 비어있거나 지워진 기억의 밑바닥을 휘 휘 젓는다. 어느 순간 부유하는 나, 나를, 내가 버린 나를 너는 덮는다. 겉으론 창백한 얼굴 차갑고 속으로는 무겁고 컴컴한 블랙홀, 나는 너를 통해 멀리 멀리 흐른다. 예전에 걸었던 길을 걷다가 이미 바다가 된 나를 흐르다 나를 담고 사는 동네 몇 바퀴 돌아 다시 너에게 스며든다. 아무리 닦아도 윤기 흐르지 않던 너에게 가는 길, 갈라진 군밤 껍데기처럼 반은 타고 반은 남아 아직도 거치적거리는 겨울의 길목, 언제부터인가 군밤 파는 계절이 되면 나도 눈발 되어 너를 살고 있다.

순筍 – 존재의 항성恒性

무너진 자리에서 다시 세워지는
나무는 뿌리 근처 훤한 무덤 속에
생명을 잉태하고 웃는다.

바람 잠든 척 하는 언덕
긴 밤 뒤척이며 가위눌리다
악몽이었다고 고개 흔들며
기억을 털어 버리려는
나뭇가지의 겨울

다 버리고 버린 후
죽은 자리에서 다시 살아나는
나무는 나무를 찢으며 온다.

엄掩－살진 고양이와 한판 붙다

눈이 밝구나
어둠을 꿰뚫고
골목 어디쯤 서성거리고 있을
쥐를 기다리는 너

비둘기만 뒤뚱거리는 줄 알았다
날아오르는 데 시간이 들고
꼭대기층 베란다 창가에 앉아
어질머리 앓도록 깍깍거리며
싸우는 날 하도 많아서

눈이 크구나
쓰레기봉투 물어뜯다 들킨 새벽
도망 안 가고 날 응시하는 초록빛 동공
반찬탐 많은 영물이라더니
음식물 따돌린 봉투를 물고
이리저리 끌고 다니며 찢는다

〉

대체 무엇을 가져가려는지
흩어진 쓰레기 굴러다니는 새벽
쓰레기봉투 슬며시 내려놓고
어떻게 하지도 못할 나와 맞장을 뜬다
눈으로 한판 붙는다

아기울음 울면서
모두 약아빠진 쥐가 된 게야
아무도 모르게 고양이 가면을 쓰고
인공수정 시킨 거시기거나

냉冷－바다가 확,

마을버스 정류장
주황색 유아원 가방을 맨 아이가
넘어졌다가 어렵게 일어나더니
야무지게 무릎을 털었다
순간, 노랑머리 아이엄마 까르르 넘어갔다

바다야 엉덩이를 털어야지 왜 무릎을 털어?

아이가 대답한다
원래 넘어지면 무릎을 터는 거야
제법 당찬 혀 짧은 소리
그리고는 냅다 소리친다
빼스야 빨리와 빨리와 나 추워

어디선가 칼칼한 오뎅국물 냄새가 왔다
추워 떨면서도
추우니까 살아있는 것 같다는 생각에 확

청양고추 우린 물 흩뿌리면서
등골을 적시는 섬뜩함

나도?

계界 – 적요와 적막 사이

잠들지 못한 이들에게는
밤이고 오늘인
잠 속에 있는 이들에게는
오늘도 내일도 아닌
잠을 들추어내고 밖으로 나오는 이들에게는
역시 오늘인
인천의 이른 세 시 삼십 분

음식물 쓰레기 가져가는 소리
쾅 쾅 통을 바꾸는 소리

하루를 달리기 시작하는 이들에게는
다소 고속이 될 수밖에 없는
평생을 바라보며 달리는 이들에게는
다소 저속이 될 수밖에 없는
길을 지나
잠시 멈춘 신림역

이른 네 시 사십 분

여기저기 쭈그리고 앉은 사람들
누군가 가져가길 바라는 눈빛들

승합차 지나갈 때마다
숨 고르는 모습
무릎을 세우며 속 비우는 모습
그림자 속의 신호가 바뀌고
다시 몇 번이나 바뀌고 바뀌다보면
낮달처럼 사라졌다 나타나는 모습

확 다가왔다가 스러져가는
시간과 공간 존재와 무 사이에서
소리로 시작해 글자로 마감하는
생生이고저 사死이고저
하루하루 살이이고저

단丹 - 그대로 물들다

그대 가만히 들어와
자리를 트는 동안 나는
심장부터 욱신거린다

밖으로는 가장자리부터
그대 색으로 물드는 동안
타들어가는 머리카락 손가락

스치는 것마다
단풍 든다

가만
제발 가만
그대로 익으려하면

내 눈길 손길 머물던 자리
들어가 앉았다

다시 흐르는

그대

선홍빛

빛과 그림자

주鑄－송곳

가는 곳마다 송곳이다
안방 거실 서재 연구실

아프다
그래도 안 본다

같이 흥분할까봐
가 아니다

같이 찔릴까봐
도 아니다

같이 찌를까봐
이다

한 편의 시로
들었다 놓는 세상은 가을

〉

가고

가고

시는 밀알

웹툰은 겨자씨

절節 – 감나무 소고

불그레하며 지루한 여명 뒤, 두둥
솟아오르는 해가 달구는 창가에 서서
밖의 공기와 마주앉아 아침을 맞는
내 안의 뜨락,
한쪽에 허술한 나무 한 그루, 듬성듬성 주홍색이다.
글자도 아닌 것이 소리도 아닌 것이
감히 감이라고 제 이름을 들이밀며
날 장악하는 시간,
나무는 팔을 뻗고 손을 펴서
제 이름만큼 꼭 그만큼
하늘을 가리며 다가온다.
뭉긋하게 더디게 여무는 듯하다가
한 순간 불끈 솟고야마는 저기 저 열 덩어리처럼
어디쯤에선 젓가락 끝에 걸리는 고구마 힘줄처럼 호박고구마처럼
어느 순간 다 익어 속이 뭉클해지며
저 혼자 달뜨는 그것,

다 달아올라 당도 높은
주홍으로 물들며
빛나는 창과 마주앉아 하루의 문을 연다.
잘 익은 사과 반쪽과 막 쪄낸 고구마 한 개로
버젓한 아침상을 차려 놓고도
그저 블랙커피만 들이부으며
한쪽 감나무 성근 가지 사이에서 점점 물렁물렁해지는
감을 바라보며 고개를 끄덕인다, 그래
세상사 시큼하며 시원하다가 달달한 면도 없지 않다가
누구나 한 번쯤은 쓴잔을 마시는 살이와 마주서서
어떻게든 출구를 찾아 미궁을 헤매는 마음의 떨림,
한 번의 울림에 우수수
잎이 지면 감은 붉어진다, 관능적으로
또 한 번의 울림에 우수수 수수 더 많은 잎이 지고
감은 더 또렷하게 붉다가
내내 갖고 싶을 만큼 육감적이다가
하염없이 늘어질 것만 같은 시간의 눈금이 창에 부딪치면

툭, 나무가 열매하나 내려놓는다. 순간
하염없이 늘어날 것만 같은 공간의 고요가 흐느낀다.
그때 감 하나 아무렇지도 않게 쑤욱,
심장 가운데께로 들어와 앉는다.
곁에선 오래된 감이 가만히 숨 고르며 숨이 죽는다.

생涯 – 만추

누군가의 밥이 되기 위하여
익는,
이름 없이 묻혀 썩기 위하여
사는,

기나긴 터널을 지나
봄빛 쏟아지는 거리에 서면
더러는 꽃으로 피어나고
때론 민들레 홑씨로 흩어지면서

숨이고 생명이고저
들판의 소리 산의 향기로
물렁물렁 헐렁헐렁해지다가
죽는,

天, 地, 間 – 서로 기대어

갑작스레 펑펑 울더니
한결 가볍고 높아졌다
청명하고 명정하여
정청하니 청청하다

하룻밤 사이에
눈앞에 당도한 시 시간 시절
좋은 것은 늘 이렇게
갑자기 왔다 시나브로 사라진다

여하,
준비 준 비 준 비비가 필요한
삶 살이 사람
들을 귀 보는 눈이 귀한 세상에

어디쯤에서는 몇 사람 돌아가고
어디쯤에서는 몇 사람 돌아온다
서로가 서로의 배경이 되는

해설|

존재의 산화, 그리고 태어나는 글자들

이상아의 시세계

박서영 | 시인

1. 희망의 모르타르

본질은 숨어있다. 가벼운 이미지의 표피를 벗겨내다 보면 체험이 쌓아둔 것들이 맨살을 드러낸다. 세계와의 불화 속에서 존재는 본질을 경험한다. 이상아 시인에게 있어 '존재'는 어떤 반응을 통해 일어난 내적불안이거나 상처다. 이상아 시인에게 특이한 점은 상처를 가만히 들여다보고 그것을 언어로 표현하고 있는 자신을 발견하는 시적 태도이다. 그래서 시 속에 자주 등장하는 '글자', '어휘'라는 단어들은 은하계의 고리처럼 순환적이며 빛난다. 감정의 소모에 열중하는 대신

시를 쓰는 자신을 응시함으로써 반성하고 성찰하는 태도는 '존재의 항성恒性', 즉 언제나 변하지 않는 성질이나 성품을 드러낸다. 그러나 이상아 시인이 시적 소재나 사건으로 가져온 것들의 스펙트럼은 넓고도 방대하다. '나무'로 대변되는 자연현상에서 혈연적인 관계인 '아버지'와 '어머니', '구로동'으로 대변되는 사회적 약자와 세월호 문제 등은 시인에 의해 재탄생된다.

시인은 현실을 등한시하지 않고도 꿈의 성찰에 이르는 방법을 모색하기 위해 '글자', '어휘'라는 단어를 선택한다. "어느 틈에 물이 쓰고/물과 물 사이 내력을 드러내는/존재의 텅 빔과 가득 차 있음"(「화畵-강화도, 뻘의 노래」)에서 알 수 있듯 언어로 표현되어져야 내력이 드러나고 존재성의 텅 빔과 가득 참이 보인다. 여기에서 뻘의 노래가 들려주려는 '내력'은 '삶과 죽음 사이', '살이 수놓는 소리'와 '제 살 뚫는 소리'가 된다. 시인은 이미지-소리-글자-사유의 순서로 시를 이끌어 간다. 즉 글자(기호)를 쓰기 전에 먼저 형상과 소리를 보고 듣는 과정을 거치는 것이다. 그것은 단번에 뛰어넘는 상상력 이전에 원초적인 감정상태를 스스로 점검해 본다는 뜻이며, 그런 점에서 이상아 시인은 성찰과 반성의 길 위에 서 있다고 할 수 있다.

확 다가왔다가 스러져가는
시간과 공간 존재와 무 사이에서
소리로 시작해 글자로 마감하는

—「계界 -적요와 적막 사이」 부분

인용한 시에서 보듯 세계의 형상들은 '소리'로 시작해 '글자'로 마감된다. 물론 그 이전에 '확 다가왔다가 스러져가는' 수많은 일상의 풍경들이 펼쳐진다. 눈에서 정신 속으로 들어온 형상은 진정한 내면의 실체를 보게 한다. 이상아 시인의 언어가 외관이나 표피만을 쓰다듬는 게 아니라 진정한 본질을 꿈꾸는 것은 천지간의 근원을 들여다보려 하기 때문이다. 시인이 형상을 통해 본질을 탐구하려는 태도는 다음과 같은 시에서 찾아볼 수 있다.

물이 갈라져 길을 낼 때 만들어지는 글자를 보았다 그 길을 따라 햇살 노닐다 께느른하여 쉬고 있을 때 수많은 쉼표가 찍히는 것을 읽었다 찍힌 수만큼의 내가 내 속에서 숨 쉬고 있다는 것을 알았다

—「여廬-햇살이 노질하는 물결을 읽다」 부분

바깥 세계와 통하는 문은 모조리 닫히고 막힌 것 같은 정적. 누군가 감긴 눈이 감긴 채로 무슨 글자를 썼어. 나의 쓰디쓴

눈 안에 미치도록 하얀 막이 생기고 거기, 완전한 혼자, 단절, 뭐 이런 글자들이 또 다른 글자를 쓰고 여전히 쓰다는 쓰디쓰다는 느낌이 돌아다니는 고요한 공간, 그 뒤에 버림이라거나 떠남이라는 글자가 적히고 마침표가 찍혔을 때였던 것 같아. 주변에 형체를 알 수 없는 무수한 것들이 꼬무락거리고 있었지. 후두두둑 흩어지며 나를 덮은 흙 속에서 피어나는 글자.

—「건乾-죽음 혹은 죽임을 맛보다」 부분

창에 비친 얼굴 글자에 둘러싸였다.
어느 순간 글자가 눅눅하다.
짜릿한 우주, 담금질하는.

—「쉬焠-낙엽, 책갈피에 눕다」 부분

일상의 사소한 것에서 글자를 피워 올리는 시인의 의식은 멈추지 않고 계속 움직인다. 시인의 움직임은 글자 역시 함께 움직이도록 만든다. 새겨진 글자들은 끝이 아닌 것이다. 글자들은 습기를 머금고 있으므로 흘러내리며 공기 속에서 어떤 작용을 한다. 그것을 두고 시인은 "젖은 것들은 기호가 된다"(「쇄碎 -찌개를 위하여」), "글자는 굴절한다. 글자의 반란이다. 벌목한 나무들의 수보다 많은/의미를 담고 바람을 머금고/바탕에서 돋을새김되는 문맥을 따라/일어서다 앉는다 뒤로 돌아선다/글자의 저항이다/글자는 운동한다"(「봉捧-책을 말하다」) 라고 한다. 시인이 바라본 글자 즉 '기호'는 이미 관념을 포함한다. 그래서 기호는 타인에게 자신의 느낌이나 생각을 전달할 수 있게 되는 것이다. 의미의 파장은 그 이후의 일이다. "마늘을 빻는다. 뭉그러지며 으스러지는 시간의 뿌리/마늘,/마늘, 이라고 소리 내어 말해본다/불투명한 껍질을 벗겨내고/그 안의 투명한 비늘을 긁을 때/덩어리를 허물고 들어선 길들이/알싸하게 익으며 젖는 것이 보인다"(「쇄碎-찌개를 위하여」)처럼 모든 사물이나 존재는 움직이고 허물어진다. 속을 드러낸 것들은 젖어있다. 이상하게도 마지막에 보여지는 '기호들'이 첫 존재들을 다시 찾아간다는 역설을 두고 시인은 '가역반응'이라고 한다.

끈끈한 즙이 되다 만 기호들이
마느---ㄹ,을 찾아가는 이상한 가역반응
—「쇄碎-찌개를 위하여」 부분

크로스 잉크처럼 새까맣고 윤나는,
기호를 해부한다.
ㅍ은 자라서 풀잎 되어 흔들.
ㅔ는 ㅏ처럼 펴져 산 또는 바다가 된다.
ㅎ-ㄱ ㅁㅜㄹ 등 ㅍ의 이웃 어휘

흐름에 따라 차이를 보이는, 보이지 않는
간격:
이미와 아직 사이.
돋을새김무늬 같은 공기.

글자는 ㄴ.
동이나 오줌처럼 배설된다.
ㅁ 속에서
분뇨는 작용한다.

—「문文-현상을 새기다」 부분

기호가 자신의 첫 존재를 찾아가는 과정은 녹록치 않다. 글자들은 돌아가기 위해 자신의 몸을 해체한다. 시인은 '똥'이나 '오줌', '분뇨'라는 단어를 통해 존재의 끝을 보여준다. 자신의 본질로 돌아가기 위해 자신을 파쇄하고 허물어야 함을 "무너진 자리에서 다시 세워지는"(「순筍-존재의 항성恒性」) 것이야말로 자신의 본질로 들어가는 입구라는 걸 알고 있다. 이상아 시인은 그 본질로의 길이 쉽지 않다는 걸 알고 있기에 다양한 어휘들로 자신의 내면을 표현하고 있다. 흐르고, 날리고, 스며들고, 숨 쉬고, 출렁이고, 빛나는 것들을 어루만지는 시인은 자신의 눈을 시리게 하는 그것들이 '분란'인지 '결합'인지, '배설'인지 '발효'인지 모르겠다면서 그것들의 내면을 읽는다. 바라본 것들이 '심장 가까이에' 자리잡았기 때문에 어지럼증을 앓으면서도 그 내면을 읽어야 하는 게 시인의 책무이기도 한 것이다. 온 몸으로 형상을 느끼던 시인은 고통 받으면서도 동시에 '황홀'을 느끼는 존재다. "까닭 없이 물렁하고 따뜻한 글자와 살 섞고 싶은 오늘"(「섭攝 -소리의 살」)을 기다리는 것은 스스로 자신을 음미할 수 있는 시간을 기다리는 것과 같다. 행복. 가만히 소리 내 읽어보면 입 안에서 구르는 '빛나는 웃음'인 것들을 기다리는 시인의 시선은 매우 긍정적이고 따스하다.

> 이미 밥이 될 수 없는
> 글자와 사람의 모르타르
>
> —「속籔–희망의 모르타르」 부분

시퍼렇게 독이 올라 먹지 못하게 된 감자에서 시인은 '희망의 모르타르'를 읽는다. 되돌아갈 수 없는 것을 알면서도 희망을 갖는 모습에서 스스로 '무섭다'는 표현을 할 만큼 시인은 긍정적이고 희망적이다. 강렬한 상실과 결핍이 도리어 희망이 된다. 그것은 견디기 위해서다. 그러지 않으면 한 순간도 견딜 수 없기 때문이다. 삶이 끝난 뒤에 오게 될 상실감과 고통은 예감처럼 우리를 감싸고 있다. 선천적으로 예민한 감각의 소유자들은 하나의 작은 사물에서, 현상에서 삶과 죽음을 발견한다. 결국 그런 사유의 운동들은 고통 속에서도 끝없이 긍정과 화해의 메시지를 읽어낸다. 그런 사유를 발견해내는 시인은 사유 자체가 곧 시인 자신임을 알기 때문이다.

2. 풀무 속에서

인간은 살면서 많은 고통을 겪는다. 특히 혈연으로 맺어진 타자의 아픔은 시인 자신에게도 강렬한 슬픔일 수밖에 없다. 이상아 시인이 시 속에 담은 가족은 '아버지'와 '어머니'다. 부모는 자식에게 피신처이면서 동시에 재난이다. 부모에게 자식 역시 마찬가지일 것이다. 끊을 수 없는 피의 인연. 우리는 그 적나라한 현실을 피할 수 없고, 원죄를 안고 살아가야 한다.

엄마는 화장을 이야기하고 아버지는 수의를 말씀하시는 윤달이 들었다. 꽃피는 3월, 나는 커다란 맷돌에 몸을 묶고 물속으로 뛰어내렸다.

아주 깊은 물속인데 눈이 따갑다. 황사가 지나간 사막은 언제나 따가운 모래들의 함성. 들고나는 사람들의 신음이 철썩, 철썩, 어디선가 튀어와 벽에 붙는 살점 같다.

〉

나는 나를 묶은 맷돌을 풀어 아귀를 맞추고 천천히 돌린다. 얼마나 되었을까. 내 몸으로 내리꽂히는 수직의 불길에 또각, 또각, 내 껍데기 떨어지는 소리.

—「견甄-풀무 속에서」 부분

'풀무'의 사전적 의미는 '대장간에서 쇠를 달구거나 또는 녹이기 위하여 화덕에 뜨거운 공기를 불어넣는 기구'라고 되어 있다. 인용한 시의 첫줄 "엄마는 화장을 이야기하고"로 보아 '풀무'는 화장터의 한 장면을 연상시킨다. 혈연의 원죄의식은 자신을 뜨거운 불구덩이 속으로 던져 넣는 사유를 하게 만든다. 쇠는 뜨거운 불 속에서 액체가 된다. 그래서 '아주 깊은 물속'이라는 표현이 나왔을 것이다. 어쨌든 시적 화자는 스스로 맷돌에 몸을 묶고 물 속에 뛰어든 존재로서 고통을 받고 있다. 시인 스스로가 죄인이 되어 벌을 주고받는 모습에서 스스로 짊어지고 가야할 운명이 감지된다. 몸은 하나의 그릇으로 존재론적이다. 생명 있는 존재가 다 그러하듯 '화장'과 '수의'가 의미하는 '죽음'의 세계를 피할 수는 없다.

기침, 한 번 시작하면 멎지 않는다

속에 있는 것 찔끔 넘어오거나 모두 쏟아놓을 때까지.

도라지와 은행 간 것
어머니 글씨를 돌돌 말아 질끈 동여맨다.
위생봉투에 넣고 반창고를 붙인다.
어머니 덜어주신 마음, 아버지 드시는 가루
달포를 넘기며 먹고 있는데
약, 주사, 도라지, 소용이 없다.
아버지 내 기침까지 가져갈까 두려워
곁에는 얼씬도 못하는 주제에
언제나 아버지와 마주앉아 전통과 사상을 논하고 있는
방에는 예수, 십자가, 피, 둥둥 떠다닌다.
아버지 슬그머니 돌아앉는다.
언제부턴가 기침이 덜하다.

몸을 지탱하는 뼈들 모조리 나를 해체시켜버릴 듯이
기침, 집요하다.

—「재齎-가져오다」 전문

아버지 입원하던 날부터, 아니
폐암이라는 선고를 받고 난 후부터
나의 시계는 한쪽 다리를 다쳤다.
사방에서 바람 불어오고

눈의 뿌리 껄끄럽고 쓰라리다 아린 새벽,
몸은 온통 저리다 못해 시리다.

—「반蹣-세월, 한도서다」 부분

갈수록 쇳소리 심해지고
사람들 말처럼 정 떼는 듯
섬뜩한 눈빛 박힌 가슴
허물어져 길이 된 게야
거기 한숨 살고 기침 들고나는
진공상태 같은 세월 컹컹 울려도
맏이기에 더욱 조심스러운 게야
말로 아버지 꺾지 못하고
내내 기다려야 하는
산화, 옛사람의 부식인 게야

—「미黴-기침, 발열」 부분

사랑하는 이의 고통을 이야기할 땐 담백해질 수밖에 없다. 비극 앞에서 빙 에둘러 말하거나 감추는 행위를 할 수 없는 것과 같이 단번에 보여지는 슬픔이 있다. '思父曲'이라는 부제가 붙은 연작시에는 '아버지'의 병명이 직접적으로 드러나 있다. 폐암을 앓는 아버지의 일상을 직접적으로 드러낸 시들에서 '기침'은 매우 중요한 단어로 자주 등장한다. '기침'은

어쩌면 살아있음의 증거 같은 거다. 아버지는 한 가계의 역사를 지고 오신 분이다. 그런 아버지가 쓰러졌을 때, 일상의 평화는 파괴된다. 시인 역시 일상의 한 가운데 놓인 존재이므로 고통을 함께 떠메고 갈 수밖에 없다. 시인은 아버지의 깊어가는 병을 두고 '산화, 옛사람의 부식'이라고 한다. 이때 '부식'이라는 단어는 앞에 인용한 다른 시들에서 등장했던 작용들과 같은 의미를 가진다. 즉, 배설, 발효, 굴절, 반란, 저항 등의 운동성을 지닌 단어가 바로 '산화', '부식'인 것이다. 아버지라는 존재의 산화는 다시 가역반응을 갖게 되는데, 아버지는 기침을 심하게 하시면서도 "아직 한 번도 얘기한 적 없는/한국전쟁 당시./피난 직전 피난 도중 피난 이후 사연/제대할 맏손자 앞에 털어놓으며/시간을 거꾸로 걷는 목소리"(「고故-향수」) 로 기억을 더듬고 계시기 때문이다. 그리고 "아름다운 귀향을 앞둔/흙"이기 때문이다.

아버지의 존재를 고스란히 함께 경험한 어머니. 이상아 시인이 어머니에 대해 말할 때는 '그리움'이라는 단어를 품고 있다. "몇 번이고 몰래 그렸다 지우는/아버지 얼굴 위로/그리움에 조금씩 살이 내리는/어머니 얼굴이 포개지며 웃는다. 물빛이다."(「융融-강화도, 동막에서 해안도로 사이」)에서 알 수 있듯이 어머니는 아버지와 함께 소풍 왔었던 동막해수욕장에서 아버지를 그리워하고 있다. 아버지의 언어와 달리 어머니의 언어는 부드럽지만 살아 있다. 아버지는 그리운 존재이고 어머니는 生에 해당한다. "김치도 볶은 김치 밥도 조밥/물도 둥굴레차 새로 끓인 물/내용은 변했지만 유기농입니다./우리 땅이 빚은 우리 먹거리/아리랑처럼 변함없는 엄마의 밥상."(「활豁-거룩한 밥상」)은 '민족적'이다. '아리랑처럼 눈물 나는 엄마의 밥상'은 자연이다. 어머니와 딸이 함께 겪고 있을 "아버지 안에 눈사람이 두 개" 있으므로 "하나는 녹고,/하난 안 녹는다"(「각覺-은유와 환유」) 생이 다 했지만, 누군가의 가슴에 살아있다는 점에서 하나는 녹고, 하나는 녹지 않는 눈사람을 우리는 갖고 있다.

3. 어느 별의 향기

삶의 많은 일 중에서 '밥벌이'에 대한 문제는 존재 그 자체로 중요하다. 시인이 현실에서 체험한 것이든, 견자의 눈으로 들여다본 것이든 개인적 사유를 뛰어넘은 공동체의 의식은 매우 중요하다고 할 수 있다. 전투적으로 노동에 뛰어들어 투쟁하는 것은 아니지만, 시인은 시로 노동의 현실, "허드렛일 도맡아 하는 것도 모자라/남루한 소리 요란한 데 꽂히거나 매달린 채/휘둘리면서도 온갖 울분 상처 받아내며/웅숭깊은"(「요謠-어떤 노동에 대한 고찰」) 밥벌이에 대해 쓰고 있다.

철컥, 다 왔습니다. 내리십시오.

날이면 날마다 싸움질하는 소리
항아리나 화장대 거울 또는 유리창이
하루 벌어 하룰 사는 가슴처럼 무너지면
상스러운 욕지거리 미명에 섞여
뿌옇게 흐린 날만 반복되던 동네
방 하나에 부엌 하나 다닥다닥 붙어
화장실 가는 것도 부지런해야
편안하고 여유 있게 볼일 끝을 본다던
공중변소 있던 곳에 아파트가 들어서고
공단 입구에서부터 명품의 바람소리
앙증맞고 단정하게 진열되어 있는데
무엇이 이토록 푸르게 하는가
전자회사 라인에서 꽂혀지는 저항처럼
가느다랗고 야트막한 눈동자나 손길들이
서로 매만지고 통과하면서
광합성 작용을 하고 있는 일요일

구로동 휴양림입니다. 안 내리시나요?

—「림林-구로동 연가」 전문

마르크스가 노동을 두고 인간과 자연 사이의 한 과정이라고 하면서, 인간은 외적 자연에 작용을 하여 인간이 스스로를 변화시킨다고 하였다. 즉 인간은 자연을 노동에 의하여 자신의 목적에 따라 변화시키고 적응시킨다는 것이다. 하지만 노동의 현장에서 어느 한쪽은 늘 착취의 대상이 되어왔다. 이상아 시인이 바라보는 노동 역시 마찬가지다. "날이면 날마다 싸움질하는 소리/항아리나 화장대 거울 또는 유리창이/하루 벌어 하룰 사는 가슴처럼 무너지면/상스러운 욕지거리 미명에 섞여/뿌옇게 흐린 날만 반복되던 동네/방 하나에 부엌 하나 다닥다닥 붙어/화장실 가는 것도 부지런해야/편안하고 여유 있게 볼일 끝을 본다던/공중변소 있던 곳"은 한국이 근대화로 넘어가며, 빈곤문제를 해결하기 위하여 뜨겁게 산업현장에 뛰어들어야했던 시대의 풍경이다. 이제 그 허름한 도시가 허물어지고 아파트가 들어서있다.

새벽4시 반
커다란 공구 가방을 들고
충혈된 눈 비비며 길 건너는 이

밥상 앞에 앉아
물 말은 밥 몇 숟가락 입에 넣고는
그냥 억지로 삼키는 이

—「향香-어느 별의 향기」 부분

지구라는 별에서 불행과 고통을 가져갈 메시아를 기다리지만 쉽지 않다. 예전이나 지금이나 자본주의 사회에서 "오래 전 써 놓은 사직서/언제나 주머니에 넣고 다니면서도/금수저 갑질 앞에서는 무조건 견디는 이"(「향香-어느 별의 향기」)의 운명을 살아내는 사람들. 인간이 지상에 산다는 것은 그런 걸 견디며 살아야 한다는 의미일 것이다. 이상아 시인은 마음이 가는 지상의 모든 것을 들여다보며 세상의 아픔을 쓰다듬는다. 그것은 곧 자기 자신을 위로하는 것이기 때문이다. "빈손으로 자신을 갈아엎는 힘./생색내거나 거드름 피우지 않고 조용히 행하여지는/저 고요의 내밀한 소용돌이."(「보步-나무가 걸어간다」)를 지켜나가는 것이 바로 시인의 자세 아니겠는가. 무엇보다 거창한 세계의 꿈보다 자신의 곁을 잘 살피는 견자의 시선을 갖고 있다. "길 어디쯤에서 나무를 만나면/몸이 뜨거워지고"(「시侍-나무이야기」), "아, 거기, 한 여자가/우는 아이 가슴에 보듬어 안고/토닥거리며 조용히 이별을 고하는,"(「메袂-인경호에서」)것을 느끼고 바라보는 시인. 미시적인 것들에 눈보라처럼 젖어 흩날리는 마음. 감동을 찾아 먼 길을 떠나는 게 아니라, 자신의 곁을 깊이 살피고 들여다보는 시인의 눈길은 허황된 것을 좇지 않는다. 이상아 시인은 인간이 무심코 잊어버리고 사는 것들과, 사라져 가는 것들에 대한 그리움을 잘 표현해 잔잔한 감동을 주고 있다.